N.º 10.

THÈSE
POUR LA LICENCE

MEIS ET AMICIS.

UNIVERSITÉ DE FRANCE.

ACADÉMIE DE TOULOUSE.

FACULTÉ DE DROIT.

THÈSE POUR LA LICENCE

EN EXÉCUTION

DE L'ARTICLE 4, TITRE II DE LA LOI DU 22 VENTOSE AN XII,

SOUTENUE

Par M. BÉGUÉ (Jean-Baptiste-Clément),

Né à Valence-sur-Baïse (Gers).

DROIT ROMAIN.

INSTITUTES LIVRE II, TITRE XV A XVI.

De vulgari substitutione et de pupillari substitutione.

Substituere nihil aliud est quàm, in locum prioris heredis remoti, alium heredem statuere. Species substitutionis duæ sunt: vulgaris et non vulgaris, atque hæc iterùm in pupillarem et in mente capti substitutionem divisa est.

Substitutio vulgaris est cùm, in hunc casum, heredi instituto quis substituitur, si institutus heres non erit.

Docet nos enim Justinianus nihil prohibere, quominùs testator et institutionem faciat et substitutionem, scilicet, plures heredum gradus. Licet enim cuique ità

1852

testari : « *Primus heres esto; si primus heres non erit, secundus heres esto; si*
» *nec secundus heres erit, tertius heres esto; quòd si tertius heres non erit, quartus*
» *heres esto.* » Et ità, deinceps, in infinitum substituere possumus.

Et ultimo loco sive gradu, tanquàm in extremum subsidium, servum nostrum
instituere possumus, ut si contingat omnes recusare, servus necessariò sit heres.

Possumus autem et uni unum, et uni plures, et pluribus unum, et pluribus
plures substituere. *Uni unum,* ut : « Primus heres mihi esto; si primus heres non
» erit, secundus heres esto.» *Uni plures,* sic : « Primus mihi heres esto; si
» primus heres non erit, secundus et tertius mihi heredes sunto.» *Pluribus unum,*
ità : « Primus et secundus mihi heredes sunto; si non heredes erunt, tertius mihi
» heres esto.» Deniquè *plures pluribus,* ut : « Primus et secundus mihi heredes
» sunto; si non heredes erunt, tertius et quartus mihi heredes sunto.»

Possumus adhuc et invicem heredes sibi substituere, ut : primus mihi ex medià
parte heres esto, et secundus item ex medià parte. Quòd si primus heres non
fuerit, secundus heres esto, et in partem ejus; sin verò secundus non adierit,
primus in secundi partem substitutus esto.

Si plures sunt instituti ex diversis partibus, omnesque invicem sine partibus
substituti, credendum est ex iisdem partibus substitutos, ex quibus instituti sunt,
nisi nominum expressio suadeat aliud.

Quòd si instituto heredi, coherede substituto dato, alius ei substitutus fuerit,
ad utramque partem substitutum admitti divi Severi et Antonini rescripserunt,
sine distinctione.

Cùm servum tuum patrem familias esse putarem, heredem eum institui et
adjeci : « *Si is mihi heres non erit, ille mihi heres esto.* » Mortuo me, servus tuus,
quem heredem scripseram, te jubente hæreditatem adiit. Quæritur an locus sit
substitutioni, et dicimus substitutum in partem dimidiam admitti. Sed dicet
aliquis substitutum in totum assem deberi, nam testator dixit : « Ille mihi heres
« esto, et si is non heres fuerit, ille heres esto.» Cùm igitur heres institutus, heres
esse non potuerit, ut, cui servus fuerit, necesse erat substitutum in universum
jus vocari. Sed huic respondendum est : verba illa, si heres non erit, in eo quidem
qui alieno juri subjectus est, cùm testator id non nesciret, sic intelligi debere :
si neque ipse institutus heres erit, neque alium heredem fecerit, hoc est, alii
acquisierit ut tunc demùm locus fiat substitutionis. In eo verùm quem patrem
familias esse putabat testator, significare debent verba illa si heres non erit, si

nequé sibi, neque ei, cujus juri posteà subjectus esse cœpcrit, hereditatem acquisierit, ut in totum locum habeat substitutio. Hic autem, quia jam alieno juri subjectus esset qui pater familias esse putabatur, ideò substitutus dimidiam partem accepit, idque in personâ Parthenii, servi sui, rescripsit Tiberius Cœsar.

DE PUPILLARI SUBSTITUTIONE.

Transeamus nunc ad pupillarem substitutionem.

Pupillaris est substitutio quæ fit liberis impuberibus in potestate constitutis, sub hac conditione : si heredes exstiterint et intrà pubertatem decesserint. His modis « *ille meus filius heres mihi esto et si heres fuerit ac impubes moriatur, ille heres esto : si, meus filius heres factus fuerit et ante pubertatem decesserit, ipsi filio sit heres substitutus.* » Ergo, si, vivo patre, mortuus est filius, ex prioribus verbis, venit substitutus et heres fit patris, non defuncti filii ; quod, si vivo filio, pater decessit, et filius heres factus ante pubertatem mortuus est, substitutio tunc locum habet, et heres fit substitutus, non patris, sed defuncti filii.

Animadvertendum est hoc jus pupillaris substitutionis non proprià lege inventum, sed moribus et jure non scripto introductum esse. Etenim, cùm pupilli testamentum sibi facere non possent, justum visum est ut patres iis testamenta facerent.

Pupillari igitur substitutione in præfatum modum ordinatâ, duo quodammodo testamenta sunt, alterum patris erga filium, alterum filii erga substitutum, quemadmodùm si ipse filius heredem sibi scripsisset. Quinimò, si verum dicere volumus, propius est ut unum sit testamentum, sed duæ hereditates quarum altera ad filium à patre defertur, altera à filio ad substitutum it. Quæcumque enim pupillus vel ex hereditate paternâ habuerit, vel ipse sibi acquisierit, post mortem patris ad substitutum transeunt. Porro, unum esse testamentum eo argumento ostenditur quòd solùm septem testes adhibeantur, cùm, si duo essent testamenta, quatuordecim testes adhibendi fuerint.

Notandum adhuc non solùm heredibus institutis impuberibus liberis pupillariter substituere parentes possunt, sed etiam exheredatis. Quemadmodùm igitur, propter patriam potestatem, non quia heredes scribuntur, pupillarem habent substitutionem, ita et exheredatis liberis utiliter substituimus. Dixerit forsan aliquis : «Quid ergo accepturus est is qui exheredato pupillo substituitur? » Dicemus, si quis contingat pupillum ex hereditatibus legatis aut donationibus propinquorum vel amicorum acquirere, id omne ad substitutum transibit.

Ea quæ dicta sunt de subtitutione liberorum impuberum institutorum vel exheredatorum etiam ad posthumos trahuntur. Posthumis enim vulgariter substituere possumus hunc in modum : « *Posthumus mihi heres esto, et si posthumus non heres fuerit, ille heres esto.* » Possumus adhuc pupillariter ita : « *Posthumus mihi heres esto, et si heres fuerit et impubes decesserit, ille heres esto.* »

Heres enim non est si aut non nascatur, aut natus ante patrem decedat.

Liberis autem suis nemo potest facere testamentum, nisi et sibi faciat. Nam pupillare testamentum pars est et sequela paterni testamenti, adeò ut, si patris testamentum non valeat, ne quidem filii testamentum valebit. Finge enim, exempli. gratiâ, testatorem in principali testamenti nomen hæredis suâ manu non scripsisse, et tamen in pupillari id fecisse, nullius momenti erit pars pupillaris quoniam pars principalis vitio laborat.

Possumus etiam, si plures nobis sint liberi impuberes, vel singulis pupillariter substituere, vel ei qui eorum novissimus impubes morietur. Sed si neminem liberorum impuberum intestatum voluero decedere, singulis propriâ substitutione substituo. Sin verò jura successionum ab intestato salva et integra esse maluero, tunc ei qui eorum ultimus impubes morietur alium extraneum substituam; et si alii mortui fuerint, fratres superstites jus legitimè hereditatis ab intestato habebunt; sin verò unus ex eis novissimus obierit, tunc veniet subtitutio.

Prætereà, nominatim impuberi substiuere possumus et dicere : « *Si filius mihi heres fuerit et impubes decesserit, Titius ei heres esto.* » Possumus quoque et generaliter substituere. Possum generaliter ita substituere dicens : « *Aut quisquis mihi heres erit.* » Quibus verbis vocantur ex substitutione, impubere filio mortuo, qui et scripti sunt heredes et extiterunt, et pro quâ parte heredes facti sunt.

Et masculis quidem usque ad annos quatuordecim licet substituere; feminis verò usque ad duodecim. Quam ætatem si excedant, evanescit substitutio.

Extraneo autem vel filio puberi heredibus institutis, nemo ad similitudinem impuberum liberorum substituit dicens : «Ille mihi heres esto, et si heres mihi fuerit et intra trigesimum (exempli gratiâ) annum decesserit, ille ei heres esto. Sed hoc solum permissum est ut eum quem heredem instituerimus per fidei commissum possimus obligare alii hereditatem nostram, vel otam, vel pro parte, restituere.

CODE NAPOLÉON.

Des Donations entre-vifs et des Testaments depuis l'art. 893 jusqu'à l'art. 930.

§ Ier. —*Des différentes manières dont on peut disposer de ses biens à titre gratuit.*

Notre ancienne jurisprudence reconnaissait trois modes de disposer à titre gratuit : 1° La donation entre-vifs; 2° la donation à cause de mort; 3° le testament.

La donation était entre-vifs lorsqu'elle avait pour but et pour effet de transporter au donataire un droit actuel et irrévocable.

La donation était à cause de mort lorsqu'elle était subordonnée, quant à ses effets, à la survie du donataire ou donateur et révocable au gré de ce dernier. La donation à cause de mort, comme on le voit, participait de la nature des donations entre-vifs et des testaments; elle se rapprochait de la donation entre-vifs en ce qu'elle devait être acceptée par le donataire du vivant du donateur, et sous ce rapport, elle se distinguait du testament qui se fait par la seule volonté du testateur, sans le concours du légataire; mais, comme le testament, elle était révocable au gré du donateur et différait sous ce rapport de la donation entre-vifs qui était essentiellement irrévocable.

La donation à cause de mort avait donc des règles propres puisqu'elle se séparait des deux autres modes de disposer, et des règles communes puisqu'elle participait de la nature de l'un et de l'autre. Dès lors, on le comprend, il importait de déterminer la nature de la libéralité qu'avait entendu faire le disposant, et cette appréciation, fort difficile à faire, était devenue la source de nombreux et interminables procès. L'ordonnance de 1731, voulant couper court à toutes ces difficultés, décida que les donations à cause de mort, à l'exception de celles qui se feraient par contrat de mariage, ne seraient valables qu'autant qu'elles seraient faites dans les mêmes formes du testament. Mais le Code Napoléon a été plus loin, il a supprimé complètement cette manière de disposer; cela résulte des termes de l'art. 893 où l'on voit que l'on ne peut disposer à titre gratuit que par donation entre-vifs ou testament. Les règles de l'ancien droit sur les donations à cause de mort ne peuvent donc aujourd'hui recevoir aucune application.

Le Code Napoléon définit la donation un acte par lequel le donateur se dépouille actuellement et irrévocablement de la chose donnée en faveur du donataire qui l'accepte. Un acte est ici une expression vicieuse, car l'expression contrat convenait seule. En effet, le contrat est le concours de deux volontés pour produire une obligation ou opérer une translation de propriété. Il faut dans la donation le concours de deux volontés : l'offre de la libéralité par le donateur, et l'acceptation de l'offre par le donataire (893-932). Ce concours de volontés a pour but et pour effet de créer une obligation ou d'opérer une translation de propriété; la donation est donc un contrat. Cette critique du mot acte n'est pas sans intérêt, car, en démontrant que la donation est, non pas un acte, mais un contrat, on montre par là même que toutes les règles qui régissent les conventions en général doivent être appliquées aux donations toutes les fois qu'il n'y est pas dérogé par des textes particuliers. Ainsi donc, la donation est un contrat, mais un contrat *sui generis* soumis d'une part aux règles générales des conventions, et d'autre part à des règles spéciales.

Le donateur se dépouille actuellement, dit l'art. du Code. Cette expression est amphibologique : prise à la lettre, elle signifierait que la tradition de la chose qui fait l'objet de la donation est nécessaire à sa validité; que la donation n'est pas parfaite si le donataire n'a été mis en possession de la chose donnée. Mais ce n'est pas ainsi qu'elle doit être interprétée. Dans la donation, le donateur doit se dépouiller actuellement du droit à la chose donnée en ce sens qu'il doit, *hic et nunc*, transférer, non pas comme dans le testament, une simple espérance, mais un droit au moins à terme ou conditionnel sur la chose. L'exécution de la donation peut être renvoyée au décès du donateur. Rien n'empêche certainement de donner un immeuble et de stipuler qu'il ne sera livré qu'à la mort du donateur.

La donation est irrévocable, et cette irrévocabilité est essentielle à la validité des donations. La loi a été inspirée probablement par cette raison que la faculté laissée au donateur de révoquer le droit dont il a investi le donataire eût été dangereuse, car elle eût, d'une part, laissé la propriété incertaine, ce qui eût retiré du commerce une masse énorme de biens, et d'autre part, engendré des procès en obligeant les donataires à restituer des choses qu'ils ont longtemps possédées et auxquelles ils se sont attachés.

Pour que la donation soit parfaite, il faut de plus l'acceptation du donataire, et il est nécessaire non-seulement que le donataire accepte l'offre qui lui est faite, mais encore que son acceptation soit mentionnée en termes exprès dans l'acte de donation qui doit être authentique. Il n'y a pas, en cette matière, d'acceptation tacite.

La seconde manière de disposer à titre gratuit dont parle le Code Napoléon est le testament qu'il définit un acte par lequel le testateur dispose, pour le temps où il ne sera plus, de tous ou partie de ses biens, et qu'il peut révoquer. Le testament est un acte parce qu'il est la manifestation d'une seule volonté, celle du testateur. Le testateur dispose pour le temps où il ne sera plus, de telle sorte que le légataire ne peut acquérir, du vivant du testateur, aucun droit, pas même un droit conditionnel.

Le testateur dispose par testament de tous ou partie de ses biens. Mais, puisqu'on permet de disposer de la totalité, qu'était-il besoin de permettre expressément la disposition d'une partie? C'est qu'en droit romain il n'était pas permis de mourir, partie *testat*, partie *ab intestat*. L'institution d'héritier devait nécessairement comprendre la totalité des biens. Le Code Napoléon abroge ici cette ancienne règle : la même personne peut laisser tout à la fois des héritiers testamentaires et des héritiers *ab intestat*. Le disposant peut révoquer le testament, car le testament étant l'œuvre de la seule volonté du testateur ne l'oblige pas; il est maître, par conséquent, de le détruire, si bon lui semble.

Il résulte de ce que nous venons de dire qu'il y a entre la donation et le testament les différences suivantes que l'abondance des matières nous empêche de développer et de suivre dans leurs conséquences :

1º La donation est l'œuvre de deux volontés, celle du donateur qui offre la libéralité, et celle du donataire qui l'accepte. Le testament est l'œuvre d'une volonté unique, celle du testateur. La donation est un contrat; le testament est un acte;

2º La donation produit son effet *hìc et nunc*; elle transfère au donataire un droit actuel; le testament ne produit son effet qu'au décès du testateur; jusque-là, il ne transfère aucun droit au légataire;

3º Enfin, la donation est essentiellement irrévocable; le testament, au contraire, est essentiellement révocable.

§ 2. — *Incapacités de recevoir et disposer à titre gratuit.*

Nous arrivons maintenant à l'incapacité de recevoir par donation ou par testament.

Mais, d'abord, ne confondons pas l'incapacité avec l'indisponibilité : l'incapacité naît de la défense que fait la loi à certaines personnes de disposer de leurs biens, quelle que soit la qualité des héritiers qu'elles laissent à leur décès. L'indisponibilité résulte de la défense que fait la loi à toute personne de disposer de la totalité de ses biens au préjudice de certains parents privilégiés, appelés réservataires. Il faut se placer au moment de la disposition pour juger la question de capacité; en matière d'indisponibilité, au contraire, on considère non pas le moment de la disposition, mais l'époque du décès du disposant; c'est à ce moment qu'il y a lieu d'examiner s'il laisse ou non des parents réservataires. Nous ne trouvons, au reste, dans la matière que nous avons à traiter, que deux cas d'indisponibilité (908-909).

La capacité étant la règle, l'incapacité l'exception, nous avons donc à chercher, non les personnes capables, mais celles qui sont incapables de recevoir.

Il y a incapacités de recevoir et incapacités de disposer; il y en a d'absolues, il y en a de relatives; elles sont absolues lorsqu'elles sont indépendantes des relations existant entre celui qui dispose et celui qui reçoit; elles sont relatives dans le cas contraire. L'incapacité relative de recevoir ou disposer est toujours corrélative à l'incapacité de disposer ou recevoir; car toute incapacité relative de disposer suppose nécessairement chez une autre personne l'incapacité relative de recevoir et réciproquement.

§ 3. — *Incapacité absolue de disposer et recevoir à titre gratuit.*

Il y a des personnes qui ne peuvent disposer ni par donation ni par testament; d'autres peuvent tester, mais ne peuvent donner; d'autres, enfin, peuvent donner, mais ne peuvent pas tester.

Sont incapables absolument de disposer ceux qui ne sont pas sains d'esprit, les morts civils, morts par contumace, les mineurs sauf un cas particulier où ils peuvent donner, les interdits.

Occupons-nous du premier cas : sont incapables, dit l'art. 901, de disposer par donation ou testament ceux qui ne sont pas sains d'esprit. Il n'y a pas un seul contrat, pas un seul acte civil, pour la validité desquels il ne faille être sain d'esprit, et si le Code Napoléon a expressément signifié qu'il était nécessaire d'être dans cet état pour faire une donation ou un testament, c'est que l'exercice des facultés intellectuelles doit être exigé avec plus de rigueur dans les dispositions gratuites que dans les actes à titre onéreux. La loi, en établissant cette règle, a voulu déroger au principe de l'art. 504 qui porte que les actes faits par une personne atteinte d'aliénation mentale ne pourront plus être annulés après sa mort, quand l'interdiction de cette personne n'a été prononcée ni provoquée de son vivant, à moins, toutefois, que l'acte ne porte en lui-même la preuve de sa folie. L'art. 901 fait exception à cette règle pour les actes gratuits, les soustrait à sa disposition et les replace dans le droit commun en déclarant que les donations et les testaments ne pourront jamais être faits sans être sains d'esprit au moment même de leur confection; il est étranger aux donations ou testaments faits par une personne en état habituel de démence; il règle les donations ou testaments faits par une personne qui était, au moment où elle a disposé, privée de ses facultés intellectuelles. Puisque l'acte testamentaire ou de donation entre-vifs n'est valable qu'autant que son auteur était sain d'esprit, il suffira d'un simple délire, d'un état d'ivresse, enfin, de la privation momentanée de la raison par une cause quelconque au moment de la confection de l'acte, pour que cet acte soit entaché de nullité. Réciproquement, l'acte sera valable par cela seul que le disposant aura eu toute sa raison lors de sa confection, bien qu'il n'eût l'exercice de ses facultés qu'à de très rares intervalles. Les tribunaux, s'il y a contestation à ce sujet, devront décider en fait et en appréciant toutes les circonstances, si l'individu était ou non sain d'esprit au moment qu'il a fait sa disposition.

Les donations ou testaments peuvent-ils être annulés, soit pour cause de captation ou de suggestion, soit parce qu'ils auront été faits *ab irato* sous le poids de la haine éprouvée par le disposant contre ses parents? Il y a suggestion lorsqu'on parvient, soit par l'influence que l'on a sur l'esprit d'une personne, soit par tous moyens quels qu'ils soient, à lui faire adopter des idées, des résolutions qu'elle n'avait pas d'abord et qu'elle n'aurait jamais prises d'elle-même. Il y a captation lorsqu'on réussit par des moyens quelconques à s'emparer de la bienveillance d'une personne et à obtenir d'elle des libéralités déterminées par l'attachement qu'on a su lui inspirer. Cette question, dans l'ancienne jurisprudence, fut la cause de nombreux procès : on décide, maintenant, que l'on devra annuler ces actes, au cas seulement où il est évident que la captation, la suggestion ou la haine auront été la cause de la disposition.

Seront nuls les donations et testaments faits par une personne atteinte de mort civile depuis la prononciation de la peine, car ces actes émanent d'une personne qui n'a ni l'exercice, ni la jouissance des droits civils.

Il en est de même à l'égard des personnes condamnées par contumace à une peine emportant mort civile, tant qu'elles sont dans le délai de grâce. Ces personnes sont, alors, privées non pas de la jouissance, mais de l'exercice des droits civils ; les actes qu'elles font sont donc vicieux et entachés de nullité si la condamnation prononcée contre eux devient irrévocable.

Le tribunal, avons-nous dit plus haut, devra apprécier les circonstances d'un acte fait par une personne non saine d'esprit pour décider s'il doit être annulé ou non ; mais cette appréciation des circonstances n'est plus nécessaire et l'acte est forcément annulé si son auteur était interdit lors de sa confection. En droit, l'interdit ne peut jamais être sain d'esprit, il est légalement privé de sa raison d'une manière constante et absolue, jusqu'à ce que l'interdiction soit levée. L'interdit est présumé être, pendant toute sa vie, privé de ses facultés intellectuelles, et cette présomption est invincible, car nulle preuve n'est admise contre la présomption de la loi, lorsque, sur le fondement de cette présomption, elle annulle certains actes.

Les mineurs âgés de moins de seize ans ne peuvent disposer ni par donation, ni par testament : toutefois, le mineur de seize ans qui se marie peut, avec l'assistance de ceux dont le consentement est nécessaire à la validité de son mariage, donner, à son futur conjoint, tout ou partie de ses biens (1095-1398).

La troisième catégorie d'incapacités est formée par les personnes qui ne peuvent donner mais qui peuvent tester. Elle comprend les mineurs parvenus à l'âge de seize ans, les majeurs qui ont un conseil judiciaire et les femmes mariées ; jusqu'à seize ans, le mineur est incapable absolument de disposer gratuitement de ses biens sauf un cas particulier ; à seize ans et au-dessus, il peut disposer mais par testament seulement et avec conditions. Ainsi donc, il peut tester mais non donner. La loi a pensé, en mettant au jour cette différence, qu'elle ne devait pas enlever, aux personnes parvenues à cet âge, tous moyens de récompenser ceux qui leur ont rendu service, qui ont eu pour eux de l'affection,

et montré du dévoûment. Mais elle a choisi le moyen le moins compromet-
tant; elle lui a permis de disposer par testament : celui qui donne, en effet, se
dépouille actuellement et irrévocablement; celui qui teste conserve la pleine
propriété de ses biens; il ne se dépouille d'aucun droit, n'éprouve aucun pré ·
judice. Ses dispositions ne sont valables que pour le temps où il n'existera plus.
C'est quand il est parvenu à l'âge de seize ans et non pas quand il a commencé
sa seizième année que le mineur peut tester; il faut qu'il ait seize ans révolus.
Toutefois, le mineur, quoique parvenu à l'âge de seize ans, n'a pas encore une
raison suffisante, et la loi, dans l'intérêt de ses héritiers, ne lui accorde qu'une
demi-capacité; elle lui permet de disposer de la moitié, non de ses biens, mais
de ceux dont il pourrait disposer s'il était majeur. La disposition testamentaire
d'un mineur de seize ans accomplis ne peut dépasser la moitié de la totalité de
ses biens quand il n'a pas d'héritiers réservataires : dans les autres cas, il peut
en léguer la moitié de la moitié, la moitié du tiers, la moitié du quart et ainsi
de suite.

Les personnes pourvues d'un conseil judiciaire peuvent faire tout ce que la
loi ne leur défend pas de faire; les art. 499 et 513 leur défendent d'aliéner, ils
ne peuvent donc pas donner; la loi ne leur défend pas de tester, ils peuvent
donc le faire.

Le testament devant être l'œuvre de la seule volonté du testateur et ne pouvant, d'ailleurs, avoir son effet qu'après sa mort, l'autorisation maritale ne devait pas être exigée de la femme pour tester; aussi, le Code dit-il que la femme
pourra tester sans autorisation; mais elle ne peut faire aucune donation sans
l'autorisation de la justice ou de son mari, sous quel régime qu'elle se soit ma-
riée. La femme autorisée de son mari a une capacité pleine et entière. Il n'en
est pas de même de celle qui n'ayant pas pu obtenir l'autorisation de son mari
a obtenu l'autorisation de la justice. Dans plusieurs cas, la donation que fait
la femme avec l'autorisation de justice ne porte aucune atteinte au droit de
jouissance du mari sur les objets aliénés.

Le mineur de 16 ans, avons-nous dit, peut donner à son conjoint, avec l'assen-
timent de ceux dont le consentement est nécessaire au mariage. Il est privé de
tester et l'autorisation de ses ascendants ou tuteurs ne peut le relever de cette
incapacité, car le droit de tester ne peut être exercé ni avec le secours d'autrui,
ni par un représentant.

Sont absolument incapables de recevoir, les personnes qui ne sont pas encore conçues au moment de la donation ou au moment du décès du testateur; les morts civils, les personnes, dites de *main-morte*, c'est-à-dire les établissements d'utilité publique lorsque le gouvernement leur refuse l'autorisation d'accepter les dons qui leur sont offerts; une acceptation provisoire par les administrateurs de l'établissement ne lierait pas le donateur qui pourrait révoquer son offre; bien plus, l'offre serait nécessairement caduque si le donateur venait à mourir avant que son offre eût été régulièrement acceptée.

§ 4. — *Incapacités relatives de recevoir et disposer à titre gratuit.*

Sont incapables, relativement, de disposer par testament les mineurs au-dessus de seize ans dans leurs rapports avec leurs tuteurs.

Le mineur, devenu majeur, ne pourra pas disposer, soit par donation entre-vifs, soit par testament au profit de celui qui aura été son tuteur, si le compte définitif de tutelle n'a été rendu et apuré.

Notre ancien droit redoutait tellement l'influence qui pouvait être exercée sur la volonté des testateurs ou donateurs, qu'il déclarait nulles toutes les dispositions gratuites faites par des mineurs au profit de leurs tuteurs et curateurs. Il y avait une foule de nullités que le code a supprimées en conservant une prohibition, au reste fort raisonnable, celle de l'art. 909.

Le mineur, dit l'art. 907, ne peut disposer au profit de son tuteur, et l'ex-mineur devenu majeur au profit de son ex-tuteur, tant que celui-ci n'a pas rendu le compte de tutelle; mais cet article excepte de ces deux règles le cas où le tuteur serait l'un des ascendants du mineur ou ex-mineur. Cette prohibition ne s'applique donc qu'aux tuteurs, soit actuels, soit récemment sortis de fonctions.

L'art. 907 défend d'abord à celui qui est actuellement en tutelle de tester au profit de son tuteur; il n'avait pas besoin de défendre la donation au mineur puisque l'art. 904 la lui défend d'une manière générale. Quant à celui qui a cessé d'être mineur, il est clair qu'il peut disposer et par testament et par donation entre-vifs, mais il ne peut le faire pour son ex-tuteur qu'après l'apurement de compte; le compte est apuré dès qu'il a été examiné, vérifié et approuvé. Dès ce moment, le tuteur est relevé de son incapacité de recevoir. Peu importe qu'il ait ou non remis les pièces justificatives de son compte. L'incapacité n'existe pas pour les ascendants parce que l'affection naturelle que les ascendants ont pour leurs enfants est une garantie qu'ils n'abuseront pas de leur autorité pour leur extorquer des libéralités injustes.

Les enfants naturels ne peuvent (art. 908) rien recevoir par testament ou donation entre-vifs au-delà de ce qui leur est accordé au titre des successions. La loi de brumaire an XI accordait aux enfants naturels reconnus les mêmes droits qu'aux enfants légitimes. Le Code a abrogé cette loi; mais, voulant honorer le mariage, il ne les exclut pas de la succession de leurs parents, mais il leur accorde des droits limités et restreints, et ces restrictions seraient devenues illusoires s'il leur avait été permis de recevoir par donation ou testament au-delà de ce qui leur a été fixé par le Code. Les enfants incestueux ou adultérins n'ont droit qu'à des aliments, et leurs parents ne peuvent que leur faire ce legs.

Enfin, les docteurs en médecine ou chirurgie, les officiers de santé, les pharmaciens, les ministres du culte, qui auront donné des soins à une personne pendant la maladie dont elle est morte, ne pourront profiter des dispositions entre-vifs ou testamentaires qu'elle aurait faites en leur faveur pendant le cours de la maladie dont elle est morte. Il en est ainsi parce que les médecins, chirurgiens, peuvent s'emparer complètement de l'esprit du malade et le forcer à faire toutes leurs volontés, car, comme dit Pothier, le malade n'a rien à refuser à ceux qui le traitent pour obtenir sa guérison, croyant pouvoir l'obtenir d'eux. Il en est de même pour les ministres du culte qui, dit encore Pothier, peuvent acquérir un si grand empire sur l'esprit de leurs pénitents que la loi présume que les libéralités qu'ils reçoivent du malade n'ont pas été faites avec la liberté nécessaire pour les faire valoir. Mais l'énumération de l'art 909 n'est pas limitative. Il faut y faire rentrer les sages-femmes, les empiriques et tous ces charlatans qui font métier de promettre des guérisons chimériques que le hasard réalise quelquefois. Le caractère généralement peu honorable de ces individus est assurément une raison de plus pour les suspecter, et les moyens dont ils se servent leur donnent une influence très grande sur l'esprit des malheureux qui se confient à leurs soins. La prohibition, en un mot, s'exerce aux hommes ou femmes qui font profession de guérir d'une manière ou d'autre.

Deux conditions sont requises pour que les dispositions faites par un malade au profit des médecins qui l'ont traité, ou des ministres du culte qui l'ont assisté, soient frappées de nullité. Il faut que la disposition ait été faite pendant la maladie dans laquelle les soins ont été donnés, et que le disposant soit mort de cette maladie. Lorsqu'une libéralité a été faite par un malade à un médecin qui le traite, si le disposant meurt de la maladie dont il était attaqué et pendant laquelle il était traité, la libéralité ne vaut pas; il y a incapacité de la part du médecin; mais si le disposant meurt par accident, par cas fortuit, si son décès enfin ne provient pas de sa maladie, la libéralité est valable. Il faut donc, en résumé, que la disposition soit faite en maladie et dans la maladie dont on meurt pour qu'elle soit nulle.

Lorsque le disposant meurt de la maladie pour laquelle il a été traité, la libéralité est nulle; s'il revient à la vie, à la santé, la libéralité est valable. Cette disposition est fort juste pour le testament puisque, cet acte étant révocable à la volonté de son auteur, si celui-ci le laisse subsister quand il a recouvré sa santé et sa liberté, c'est qu'il le regarde comme valable et qu'il est alors l'expression de sa volonté. Mais il n'en est plus de même pour les donations entre-vifs; ces donations sont valables immédiatement et sont de plus irrévocablement faites. Le donateur ne peut plus rétracter les dispositions qu'il a faites, sachant peut-être qu'en les faisant il subissait l'influence de son médecin. Dans l'ancien droit, il est vrai, cela n'avait aucun inconvénient, car les dispositions faites par un malade étaient considérées comme des donations à cause de mort. Or, celles-ci étaient essentiellement révocables; or, les donations entre-vifs ne le sont pas, et ne peuvent être annulées que dans un seul cas, lorsque le donateur parvient à établir que la disposition lui a été arrachée par captation ou suggestion.

Après avoir posé la règle prohibitive, après avoir mentionné la nullité des actes dont nous venons de parler, l'art 909 apporte cependant deux exceptions : la loi ne veut pas qu'un malade soit privé de tout moyen de récompenser les soins et le dévoûment de ceux qui ont tâché de le sauver; elle permet au malade de faire des actes rémunératoires en proportion des services rendus et eu égard à ses facultés; mais il ne peut le faire qu'à titre particulier parce que, sous cette forme, il est facile d'avoir une juste idée de l'étendue de la disposition. La disposition sera valable dès lors qu'elle ne sera pas universelle ou à titre universel, et qu'elle n'excèdera pas les bornes raisonnables d'une récompense. La seconde exception est fondée sur la parenté du disposant avec le bénéficiaire. La libéralité universelle est valable alors même que le disposant a des héritiers directs, si, d'ailleurs, le médecin est lui-même du nombre de ses héritiers. Les libéralités universelles sont encore tolérées lorsque le disposant n'a pas d'héritiers directs et que son médecin est son parent collatéral, et il en est ainsi lors même que le disposant aurait des collatéraux plus proches. Le lien de parenté justifie la libéralité.

Il y a deux manières de pratiquer la fraude pour éluder la loi sur les incapacités de recevoir. On peut faire la libéralité sous l'apparence d'un contrat onéreux, ou bien la faire sous le nom d'une personne interposée. Il y a apparence de contrat onéreux lorsqu'une des parties déclare faussement avoir reçu un équivalent pécuniaire en échange de ce qu'elle donne. La convention qui se présente sous cet aspect est présumée être sérieuse et réelle jusqu'à preuve du contraire. C'est donc à ceux qui prétendent que c'est une disposition que la loi ne tolère pas à prouver ce qu'ils avancent.

La libéralité est faite sous le nom d'une personne interposée lorsque le donataire désigné dans l'acte public s'est, en secret, obligé à rendre le bénéfice à celui que la loi rend incapable de recevoir. C'est encore à celui qui demande la nullité à prouver qu'il y a eu interposition, c'est lui qui doit montrer les vices et les défauts qu'il allègue.

Mais il est un cas où la loi pose elle-même la présomption que la libéralité est faite à un incapable, par l'interposition de la personne qui figure dans l'acte, c'est quand cette personne se trouve être le père, la mère ou le conjoint de la personne incapable de recevoir, et comme c'est une présomption de la loi, on n'est jamais admis à prouver que la fraude n'existe pas; la présomption, au reste, ne doit pas être étendue au-delà de ses termes.

§ 5. — *De la capacité de recevoir et disposer à titre gratuit.*

Dans la capacité de disposer par testament, il faut distinguer deux époques, celle de la confection du testament et celle du décès du testateur. Il faut pour le testament et la capacité de droit et la capacité de fait. Il faut que la capacité de droit existe au moment du décès; la capacité de fait n'est pas nécessaire à cette époque; il suffit qu'elle ait existé au moment de la confection. La loi ne s'occupe pas de l'intervalle de temps qui sépare les deux époques. Passons maintenant à ce qui est nécessaire pour recevoir par testament. Il n'y a ici qu'une seule époque à considérer, celle où le légataire acquiert les droits que le testateur a voulu lui transmettre. Le néant ne pouvant avoir aucune capacité, il s'ensuit que l'être qui n'est pas encore conçu ne peut recevoir aucune donation, aucun legs. Celui qui est conçu, au contraire, quoiqu'il ne soit pas né est déclaré capable de recevoir, car on le regarde comme né lorsqu'il y va de son intérêt; mais cette fiction de la loi n'est appliquée qu'au cas où l'enfant naît viable. C'est au décès du testateur que le légataire, quel qu'il soit, doit être conçu. Ce qui est vrai du légataire qui n'est pas encore conçu l'est encore de celui qui est mort civilement, car le mort civilement est censé ne plus exister aux yeux de la loi.

Passons maintenant aux donations : Il est bien certain que c'est au moment de la donation que le donataire doit avoir sa capacité. Mais quel est ce moment ? Il y a trois parties distinctes dans la donation : l'offre, l'acceptation de l'offre et la notification. A l'époque de l'offre, le donateur doit avoir sa capacité de droit et sa capacité de fait qui lui sont encore nécessaires lors de l'acceptation; de là il suit que si au moment de l'acceptation le disposant a été atteint de mort civile, l'acceptation intervenant trop tard la donation est nulle. La donation n'étant parfaite que par la notification, M. Duranton pense que la donation ne peut se parfaire si le donateur capable encore au moment de l'acceptation a cessé de l'être à la notification. Quant au donataire, la capacité ne lui est pas nécessaire au moment de l'offre, mais elle lui est indispensable pour l'acceptation, et il en est de même pour la notification, car c'est à ce moment que le donateur perd le droit de disposer des biens compris dans la donation; le donataire doit donc être alors capable d'acquérir le droit que perd le donateur.

De la Portion de Biens disponible et de la Réduction.

Nous venons de voir quels étaient les moyens de disposer à titre gratuit et quelle était la capacité nécessaire pour que ces actes fussent valables; nous allons maintenant déterminer sur quels biens, sur quelle partie du patrimoine cette capacité peut s'exercer.

La loi partage le patrimoine de toute personne en deux parties bien distinctes : l'une est disponible au gré de cette personne et il ne lui est permis de disposer de l'autre qu'envers certains individus. Cette partie, en un mot, est forcément réservée à certains héritiers. Il y a donc dans tout patrimoine la partie disponible et la partie non disponible.

La personne qui a des ascendants ou des descendants n'a pas la plénitude de disposer de ces biens à titre gratuit, ses descendants ou ascendants peuvent critiquer ces libéralités et les faire réduire lorsqu'elles sont exagérées. Ce droit dont les investit la loi a reçu le nom de droit de réserve ou réserve.

La loi laisse au père de famille le droit de disposer de ses biens dans une certaine limite, afin que ses enfants soient en quelque sorte retenus dans le devoir par la crainte que cette portion dont leur père peut disposer à son gré ne leur échappe et ne fasse pas à la mort de leur ascendant partie de la succession. Mais elle ne lui permet pas de les dépouiller entièrement. Il ne suffit pas de nourrir nos enfants, de les élever, il faut encore leur assurer une existence honorable, leur préparer un avenir heureux, et c'est ce que nous ne saurions mieux faire qu'en leur laissant une partie de nos biens. Les devoirs que la nature impose aux parents, elle les impose aussi à leurs enfants : le fils qui ne se préoccupe pas du bonheur de ses ascendants est coupable d'un manque de reconnaissance trop grave pour mériter la sanction de la loi; et si ce même lien n'existe pas entre les collatéraux, c'est que la loi a pensé que les liens qui les unissaient n'étaient pas assez forts pour leur imposer les mêmes obligations; aussi peuvent-ils disposer de leur succession suivant leur bon vouloir.

Dans toute succession où il y a une quantité disponible, il y a aussi une quantité non disponible. Ce sont deux idées inséparables l'une de l'autre. Le Code ne fixe point la quantité réservée, il ne parle que de celle disponible, d'où on tire par induction celle qui ne l'est pas.

La quantité disponible varie suivant le nombre des enfants que laisse le disposant : s'il laisse un enfant, il ne peut disposer que de la moitié de ses biens; s'il en laisse deux, il ne peut disposer que des deux tiers; s'il en laisse trois, ou un plus grand nombre, il ne peut disposer que du quart : la réserve, alors, se compose des trois-quarts. Lorsque le disposant, en mourant, laisse deux enfants dont l'un mort avant son père laisse plusieurs enfants, ceux-ci devront venir par représentation et non de leur chef; la réserve sera alors des deux tiers, la quotité disponible d'un tiers. Les enfants du fils décédé représentent la personne de leur père mort et le calcul se fait comme si le père avait laissé deux enfants vivants.

La loi ne cite comme descendants réservataires que les héritiers légitimes. Mais on doit comprendre dans l'art. 914 les enfants légitimés, puisqu'ils ont les mêmes droits que s'ils étaient nés du mariage qui leur a donné la légitimation. Quant aux enfants adoptifs, malgré qu'ils ne se rattachent pas à cet article, ils n'en ont pas moins les mêmes droits que les enfants légitimes et légitimés. L'art. 350 leur confère tous les droits héréditaires de l'enfant conçu en mariage. Ces héritiers réservataires ont le droit d'exercer leur réserve sur tous les biens de leurs parents antérieurs ou postérieurs à leur conception.

Les enfants naturels ont également droit à une réserve; en effet, le droit de l'enfant naturel sur la succession de ceux qui l'ont reconnu est établi comme une fraction du droit de l'enfant légitime. Il ne peut, donc, différer de celui de ce dernier qu'en ce sens qu'il est moins étendu. Le droit de l'enfant naturel étant de la même nature que celui de l'enfant légitime et lui étant identique sauf qu'il s'exerce sur une quantité moindre, l'enfant naturel pourra donc faire réduire les donations antérieures à son mariage de même que celles faites postérieurement à cet acte.

Les enfants qu'a laissés le défunt n'ont droit à la réserve que tout autant qu'ils sont héritiers. Ceux qui cessent d'être héritiers cessent par là même d'être réservataires. La loi, en effet, ne fixe pas la réserve; elle la fait connaître en fixant la quotité disponible. Ce qui reste des biens, lorsqu'on en a sorti la portion disponible, demeure dans la succession *ab intestat;* il faut donc être héritier pour y avoir droit.

Dans le droit romain, suivant le précepte de la loi des XII tables, *uti legâssit pater familias, ita jus esto*, le testateur avait le droit de disposer de ses biens comme il l'entendait. Les héritiers testamentaires étaient plus considérés que les héritiers du sang, puisqu'on regardait comme un déshonneur de mourir *intestat.* Mais on chercha bientôt à tempérer la rigueur de la loi ; le père ne put donner sa succession à des étrangers qu'après avoir exhérédé ses enfants, à qui il fut bientôt permis, lorsque le père dans son testament les avait dépouillés sans un puissant motif, d'attaquer ce testament comme inofficieux. Enfin, comme on ne pouvait pas exiger que l'enfant fût héritier, on lui assigna une certaine portion du patrimoine. Mais le principe de la loi des XII tables fut toujours en vigueur. Sous le droit coutumier il en fut autrement: le fils succédait forcément à son père, à moins que lui-même ne se dépouillât volontairement de ce titre. — Le père, d'après le code, peut disposer d'une partie déterminée suivant les circonstances: or, puisque la quantité non disponible n'est que telle ou telle partie de la succession, il s'ensuit que ceux qui y ont droit doivent nécessairement être héritiers.

Du principe qu'il faut être héritier pour avoir droit à la réserve, il s'ensuit qu'elle n'est pas due aux enfants morts civilement, à ceux qui ne sont pas conçus, aux enfants qui sont exclus de la succession comme indignes ou qui y renoncent. L'héritier qui renonce à la succession n'a aucune part à la réserve ; mais, je suppose qu'il est déjà nanti d'une partie de la succession comme donataire et qu'il y renonce : il ne pourra, alors, garder ce qui lui a été donné que jusqu'à concurrence de la quotité disponible. S'il accepte la succession, il doit alors rapporter ce qu'il a reçu.

Mais la part du renonçant accroît-elle aux autres réservataires ou bien à ceux à qui on a donné ou légué toute la portion disponible ? La question est très controversée et a donné lieu à de nombreux débats. Voici quelle serait notre opinion à cet égard : le renonçant est censé n'avoir jamais été héritier ; il est donc considéré comme n'ayant existé ni à l'ouverture de la succession, ni à aucun moment postérieur. L'effet de la renonciation est de laisser la succession à celui ou ceux qui l'auraient eu tout entière s'ils eussent seuls survécu au défunt. La renonciation profite à ceux qui souffraient de la présence du renonçant. Je suppose que le disposant laisse deux enfants, dont l'un renonce : s'il n'eût pas renoncé, la quotité disponible n'eût été que d'un tiers. Mais le renonçant est censé ne pas avoir existé à l'ouverture de la succession. Il n'y a qu'un enfant : ce sera donc pour cet enfant qu'il faudra fixer une nouvelle réserve qui sera de la moitié.

A l'égard de la réserve fixée pour les ascendants, la loi n'a pas fait attention au nombre des réservataires. Elle n'a considéré que la circonstance où le disposant a laissé des ascendants dans la ligne paternelle et des ascendants dans la ligne maternelle. Les ascendants qui ont droit à la réserve sont les ascendants légitimes, les ascendants qui ont légitimé leurs enfants, ceux qui ont reconnu un enfant naturel. Les ascendants adoptifs n'ont pas droit à la réserve : ils ont seulement droit aux choses venant d'eux et se trouvant en nature dans la succession.

La réserve étant, comme nous l'avons dit plus haut, une portion de la succession, il ne suffit pas d'être ascendant, il faut encore être héritier pour y avoir droit ; la loi elle-même a pris le soin de le dire. Les ascendants qui se trouvent au degré le plus proche prennent la réserve à l'exclusion des autres. Les ascendants au même degré partagent entr'eux. Les père et mère n'ont droit à la réserve qu'autant que le disposant n'a pas laissé d'enfants, et les ascendants autres que père et mère n'ont pas droit à la réserve lorsque le testateur laisse des frères et sœurs; et, chose fort bizarre! les ascendants autres que père ou mère n'ont pas droit à la réserve lorsque les frères et sœurs n'ont point de droit à cet égard, et les frères et sœurs qui n'ont aucun droit empêchent les ascendants autres que père et mère d'être appelés. Mais les héritiers frères et sœurs renoncent: les ascendants seront-ils réservataires? Je pense que non ; car la renonciation a été valablement faite par ceux qui avaient qualité pour cela. La succession abandonnée passe alors à l'ascendant qui devient héritier, et par là même réservataire.

A défaut d'ascendants ou de descendants, les libéralités par actes entre-vifs ou testamentaires pourront épuiser la totalité des biens, mais elles ne pourront excéder la moitié des biens si, à défaut d'enfant, le défunt laisse un ou plusieurs ascendants dans chacune des lignes paternelle et maternelle, et les trois quarts s'il ne laisse d'ascendants que dans une ligne.

Les biens ainsi réservés au profit des ascendants seront par eux recueillis dans l'ordre où la loi les appelle à succéder; ils auront seuls droit à cette réserve, dans tous les cas où un partage en concurrence avec des collatéraux ne leur donnerait pas la quotité de biens à laquelle elle est fixée. Les ascendants peuvent faire abstraction de leur qualité de réservataires, lorsqu'en partageant la succession, la part qui leur revient est plus forte que la réserve : si la part que leur donne le partage est plus petite, ils peuvent invoquer la réserve; ils peuvent choisir entre le partage et la réserve.

La quotité disponible, dit l'art. 919, peut être donnée en tout ou en partie, soit par acte entre-vifs, soit par testament aux enfants ou autre succession du donateur sans être sujette au rapport, pourvu que la disposition ait été faite expressément à titre de préciput et hors part. La quotité disponible peut être léguée par le testateur à qui bon lui semble, et si la loi a déclaré qu'elle pouvait être donnée, même aux enfants et autres successibles du donateur, c'est que la loi du 14 juillet 1789 ne permettait pas de disposer du disponible au profit des successibles. Mais pour que cette libéralité ne soit pas rapportable, il faut qu'elle ait été faite par préciput et hors part. La déclaration que le don ou legs est à titre de préciput ou hors part pourra être faite, soit par l'acte qui contiendra la disposition, soit postérieurement dans la forme des dispositions entre-vifs ou testamentaires.

La valeur et la pleine propriété des biens aliénés, soit à charge de rente viagère, soit à fonds perdu ou avec réserve d'usufruit, à l'un des successibles en ligne directe, sera imputée sur la portion disponible, et l'excédant, s'il y en a, sera rapporté à la masse. Cette imputation et ce rapport ne pourront être demandés par ceux des autres successibles en ligne directe qui auraient consenti à ces aliénations, ni dans aucun cas par les successibles en ligne collatérale. La loi a prévu trois espèces dans l'art. 918, ce sont : l'aliénation à charge de rente viagère, l'aliénation à fonds perdu, la vente avec réserve d'usufruit. Ces aliénations faites entre parents en ligne collatérale ou étrangers l'un à l'autre constituent des actes onéreux; mais il n'en est plus ainsi lorsqu'elles sont faites entre une personne et ses successibles directs; elles sont alors considérées comme de véritables libéralités. La loi du 17 nivôse an II ne permettait pas de disposer du disponible au profit d'un des successibles. Le législateur, voulant éluder la fraude qui avait lieu, défendit les contrats onéreux faits entre une personne et ses successibles. Mais le Code Napoléon rendit inutile la prohibition en permettant de faire les dispositions par préciput et hors part. La loi voit en elle des donations déguisées et les soumet à réduction lorsque la quotité disponible est dépassée.

Réduction des legs et donations.

Il y a lieu à réduction, quand le testateur a légué au-delà de la quotité disponible. Les héritiers conservent pour eux les biens s'ils se trouvent encore dans la succession, ou les reprennent aux donataires s'ils sont en la puissance de ceux-ci.

Ce droit étant la sanction de la réserve, il faut donc se placer au décès du disposant pour savoir si les libéralités faites par ce dernier ont entamé ou non sa réserve. On examine le nombre et la qualité des héritiers, et quelle serait la quotité de biens s'il n'eût point fait de libéralités.

Peuvent demander la réduction ceux au profit desquels la loi fait la réserve, les héritiers ou ayants-cause; mais ils ne peuvent demander que la réduction des donations. La loi, en ne parlant que des donations, a eu pour objet de mettre une différence entre les héritiers réservataires et les créanciers du défunt. Les premiers peuvent demander la réduction; les seconds ne le peuvent pas, tandis qu'ils peuvent demander la réduction des legs.

Ne peuvent pas demander la réduction ni les donataires et légataires, ni les créanciers du défunt.

La réserve est une portion de la masse des biens que le disposant eût laissés s'il n'eût point fait de libéralités. Il faut, pour en déterminer le chiffre, supposer qu'il n'a point fait de libéralités, et calculer, d'après cela, quel serait le montant de sa fortune, déduction faite des dettes. Il y a quatre opérations à faire : la composition de la masse des biens laissés, composition de la masse des biens dont il a disposé par donation, addition des masses et déduction des dettes. La masse des biens laissés dans la succession se compose de toutes les choses mobilières, immobilières, possédées au moment du décès par le disposant. L'estimation s'en fait suivant leur état et leur valeur au moment du décès. La masse des biens donnés se compose de tous les biens dont le testateur a disposé par acte entrevifs. Leur estimation se fait d'après leur état au moment de la donation, et leur valeur au moment du décès du donateur. Ici il y a une très grande différence entre le rapport et la réduction. Le successible auquel le défunt a laissé des meubles et qui est sujet à rapport est débiteur envers la succession, non des meubles, mais de leur valeur. Le donataire soumis à réduction est débiteur, non pas de la valeur des meubles, mais des meubles eux-mêmes qui, s'ils périssent, sont perdus pour la succession.

La réduction ne doit frapper que les libéralités qui ont porté atteinte à la réserve. Il peut arriver trois cas différents, où le disposant peut avoir laissé des donations seulement, ou des legs, ou des donations et des legs.

S'il n'y a que des donations, la réduction s'effectue en commençant par la dernière, et ainsi de suite, en remontant des plus récentes aux plus anciennes. Avant de toucher à une donation, il est nécessaire que celle qui est plus récente soit complètement anéantie.

Le disposant n'a laissé que des legs; il ne pouvait en être des legs comme des donations : tous les legs ont la même date et ne commencent à produire leur effet qu'au moment du décès. — Dans l'ancienne jurisprudence, lorsque les legs étaient du même ordre, la réduction se faisait proportionnellement. S'ils étaient d'un ordre différent, universels et à titre particulier, la réserve se prenait sur les légataires universels d'abord. Mais le code ne distingue pas. La réduction se fait au marc le franc, quelle que soit la qualité des legs. Mais la réduction proportionnelle des legs est fondée sur la volonté présumée du testateur. Les legs se réduisent proportionnellement lorsque le testateur n'a pas dit le contraire. S'il a déclaré que tel legs devait être acquitté de préférence à un autre, on ne touchera à celui-là que lorsque les autres legs ne suffiront pas pour compléter la réserve.

Il a laissé des donations et des legs en même temps; les legs étant les libéralités les plus récentes seront réduits les premiers. On ne doit toucher aux donations qu'autant que les biens légués ne suffisent pas pour faire la réserve. La réduction en principe s'effectue en nature; toutefois, dans certains cas, elle se fait par équivalents : lorsque les objets de la donation sont des choses fongibles, lorsque le donataire a aliéné les biens qui lui ont été donnés : enfin, si la donation entre-vifs réductible a été faite à l'un des successibles, il pourra retenir sur les biens donnés la valeur de la portion qui lui appartiendrait comme héritier dans les biens non disponibles s'ils sont de la même nature. L'héritier réservataire peut conserver en nature, jusqu'à concurrence de la portion disponible, les biens qui lui ont été donnés : — pour l'excédant, il doit le remettre en nature dans la masse, à moins qu'il n'existe des biens de même nature.

La réduction a pour effet, eu égard aux legs, de les rendres caducs ou pour le tout ou jusqu'à concurrence de la réserve, suivant les circonstances. Quant aux donations, il faut examiner si ce sont des choses qui se consomment ou qui ne se consomment pas. Si se sont des choses fongibles, la donation se résout en une somme d'argent : si ce sont des choses qui ne se consomment pas, il faut examiner si l'action doit s'exercer contre le donataire ou contre des tiers acqué-reurs des biens donnés. Si le donataire est propriétaire au moment du décès, il doit rendre l'immeuble en nature. La loi l'autorise à garder les fruits perçus avant la mort du donataire : les fruits perçus après le décès du donateur ne doivent être rendus que si la demande en réduction a été formée contre lui dans l'année du décès. Il les conserve dans le cas contraire.

Lorsque le donataire a aliéné les biens sujets à réduction, la loi a concilié l'intérêt des héritiers réservataires avec la protection due à la stabilité de la propriété. Le donataire doit parfaire la réserve avec ses biens personnels. Si le donataire est insolvable, les héritiers peuvent revendiquer les biens sujets à la réserve partout et dans quelles mains qu'ils se trouvent. L'action en revendi-cation contre les tiers détenteurs devra s'exercer de la même manière et dans le même ordre que contre les donataires eux-mêmes et discussion préalablement faite de leurs biens. Enfin, les biens restés en la possession du donataire se prescrivent par trente ans : lorsque ces biens sont possédés par un tiers, la prescription a lieu tantôt par 30, tantôt par 10 ou par 20 ans, lorsque le possesseur sait qu'ils appartiennent à autrui ou qu'il les possède de bonne foi et en vertu d'un juste titre.

Des Substitutions.

Les art. 896 et 897 disposent d'une manière générale que les substitutions sont prohibées. Cette règle, si simple en apparence, donne lieu aux difficultés les plus graves. Nous ne nous proposons pas de développer la matière des substitutions ni de suivre l'application des principes des articles du Code dans toutes les hypothèses diverses qui peuvent se présenter en cette matière. Nous nous bornerons aux principes généraux tels qu'ils sont posés par la loi.

En droit romain, on reconnaissait trois substitutions, la vulgaire, la pupillaire et la quasi-pupillaire. Le Code n'a pas entendu prohiber la substitution vulgaire, car le Code l'autorise expressément dans l'art. 898 (Code Napoléon); il ne saurait être question de la substitution pupillaire ou quasi-pupillaire, car le législateur défend de tester pour autrui. Quelle est donc la substitution prohibée? L'histoire va nous l'apprendre : les Romains admettaient ce qu'ils appelaient des fideicommis que nous n'avons pas besoin de définir. Ces dispositions (fideicommis) passèrent dans notre droit sous le nom de substitutions fideicommissaires dont on fit les substitutions. Ce sont ces substitutions que le Code prohibe.

Le fideicommis, en droit romain, est une disposition par laquelle, après avoir disposé au profit d'une personne, on la prie, on la charge de remettre les biens acquis à une personne qu'on désigne. Ce fut d'abord pour les citoyens un moyen indirect d'éluder la rigueur de la loi sur la capacité de recevoir par testament. Ces dispositions, purement précatives, confiées à la bonne foi des personnes qui en étaient chargées ne devinrent obligatoires que du temps de l'empereur Auguste.

Les fideicommis passèrent dans l'ancien droit, mais dans un autre but et sous un autre nom : on les appela substitutions fideicommissaires ou plus simplement substitutions.

La substitution suppose un concours de trois personnes : le disposant, c'est-à-dire le donateur ou le testateur, le grevé (fiduciaire en droit romain) celui qui reçoit à charge de rendre, l'appelé (fideicommissaire en droit romain) celui qui doit profiter de la substitution.

Elle comprend deux dispositions : l'une sous condition résolutoire, et l'autre sous condition suspensive. Le grevé acquiert, sur les biens dont le disposant le gratifie, un droit de propriété; mais ce droit n'est pas irrévocable, il est résoluble, il est soumis à la condition résolutoire si l'appelé survit au grevé. Cette condition qui est résolutoire quant au grevé est suspensive quant à l'appelé. Celui-ci en effet, tant que vit le grevé, n'a qu'un droit éventuel ou conditionnel.

On subdivisait les substitutions dans l'ancien droit en substitution simple et en substitution graduelle. On entendait par substitutions simples celles qui ne comprenaient qu'une restitution à faire. Les substitutions graduelles étaient celles qui comprenaient plusieurs restitutions à faire, par exemple : Je lègue mes biens à Pascal pour qu'il les transmette à sa mort à Louis qui les rendra à sa mort à Théobald. Dans cette substitution, le premier joue le rôle de grevé, par rapport au second qui peut être grevé par rapport au troisième appelé et ainsi de suite. La volonté du disposant était alors la seule règle à suivre. La charge de restituer pouvait être imposée sans limites. Dans le dernier état du droit, cependant on la trouvait limitée à deux degrés non compris l'institution.

Le droit intermédiaire, par sa loi de 1792, abrogea pour l'avenir l'usage des substitutions simples et graduelles. Les substitutions furent prohibées parce qu'on les considéra comme contraires au principe d'égalité qui était la base de la constitution politique du pays. On sait en effet que les substitutions avaient été organisées dans le but de conserver les grandes familles en perpétuant dans les aînés la splendeur du nom. Elles furent prohibées parce qu'elles étaient immorales et contraires aux bonnes mœurs en substituant dans le cœur du père l'orgueil du nom à l'amour paternel, et enfin parce qu'elles entravaient la circulation et l'amélioration des biens en même temps qu'elles portaient atteinte au crédit public.

Les rédacteurs du Code Napoléon ont maintenu les principes consacrés par la loi de 1792. Seulement ils ont apporté des exceptions au principe trop absolu de cette loi. Ainsi il ne faudrait pas interpréter dans un sens absolu l'art. 896, car on se mettrait en contradiction manifeste avec un article du même code (1040). Il résulte de ce texte que le donataire ou légataire peut être valablement chargé de conserver les biens dont il a été gratifié et de les rendre à un tiers désigné.

En effet, aux termes de cet article, un legs peut être fait sous condition suspensive. Or, dans cette hypothèse, le débiteur du legs (et ce débiteur peut être un autre légataire) est tenu de conserver jusqu'à la réalisation de la condition la chose qui fait l'objet du legs conditionnel, et de la rendre à cette époque au légataire. Ex. : Je lègue mes biens à Paul, et Pierre aura ma maison si tel événement arrive.

Qu'a donc voulu dire le Code, et que signifie la prohibition? Le Code a voulu prohiber, non pas toutes les substitutions, mais celles par lesquelles le disposant, non content de se choisir un successeur à lui-même, désigne ceux qui recueilleront dans la succession de son donataire ou légataire les biens dont il l'a gratifié, celles par lesquelles il crée pour l'avenir un ordre de succession particulier aux biens dont il dispose. Voici donc les caractères distinctifs de la substitution prohibée :

1° Charges de conserver jusqu'à la mort du grevé.

2° Obligation de rendre, à cette époque, à l'appelé s'il est alors capable de recevoir. Toute disposition qui renferme ces éléments est nulle; en l'absence de l'un d'eux, elle est valable.

Ne sont point prohibées, au contraire, les dispositions faites avec charge de rendre, soit immédiatement après la mort du disposant, soit après la réalisation d'une condition suspensive, autre que la survie de l'appelé au grevé.

Le Code prend soin de s'expliquer sur deux cas particuliers qui lui ont semblé présenter quelques doutes et qui, en réalité, n'en présentaient aucun.

1ᵉʳ CAS (art. 898). La disposition par laquelle un tiers serait appelé à recueillir le don ou le legs dans le cas où le donataire ou le légataire ne le recueilleraient point, ne sera pas regardée comme une substitution et sera valable. Il s'agit ici de la substitution que les Romains appelaient vulgaire. Le Code dit qu'elle n'est point prohibée; c'est évident.

2ᵉ CAS. Il en est de même de la disposition par laquelle l'usufruit est donné à l'un et la nue propriété à l'autre (art. 899). Le Code nous dit que ce n'est point une substitution fideicommissaire; c'est encore évident, car chaque légataire reçoit immédiatement le droit qui lui a été attribué par la disposition.

La sanction que la loi attache aux prohibitions est la nullité. La charge de conserver et de rendre, quand elle réunit les caractères d'une substitution prohibée, est nulle et rend nulle la disposition principale.

Les substitutions, qui, par exception, sont permises, sont celles énumérées par le 3ᵉ alinéa de l'art. 896-1048-1051 du Code civil, et celles permises par la loi de 1826 modifiée, du reste, par des lois postérieures.

DROIT COMMERCIAL.

Du Délaissement.

Le contrat d'assurances est une convention par laquelle un des contractants s'oblige, moyennant une prime convenue d'avance, à réparer, si faire se peut, les avaries survenues par fortune de mer à des choses exposées aux dangers de la navigation.

Au nombre des choses que l'on peut assurer se trouve le navire que l'on assure ordinairement pour la traversée. Le navire assuré a-t-il fait une heureuse traversée, celui qui l'a assuré paie la prime à l'arrivée au port. Mais s'il y a eu sinistre, si le navire s'est perdu, a fait naufrage ou a subi des avaries assez nombreuses et assez graves, les droits des assureurs et des assurés sont régis par des règles que nous trouvons dans le Code de Commerce, art. 369-429.

Y a-t-il eu sinistre? Deux actions, dans ce cas, sont ouvertes à l'assuré : l'action d'avarie qui lui est toujours accordée, et l'action en délaissement qui lui est accordée seulement dans quelques cas particuliers.

L'action d'avarie a pour but d'accorder à l'assuré une indemnité pour les dommages éprouvés. L'action en délaissement donne à l'assuré le droit, lorsque la perte s'élève à un chiffre déterminé, de réclamer le montant des pertes et de recevoir la valeur de la chose assurée en en faisant l'abandon à la compagnie.

Mais comment justifier cette action du délaissement que la raison trouve si exorbitante? Comment se fait-il que la coutume l'ait consacrée? En voici la raison : On a compris qu'un assuré, dont le navire fait naufrage loin du port d'où il est parti et de celui où il doit arriver, ne peut guère tirer parti des débris du navire et des marchandises qui restent. Les compagnies, au contraire, ayant des correspondants sur tous les ports peuvent se servir plus avantageusement de ces débris, peuvent les utiliser et en retirer un avantage plus grand que le malheureux assuré qui est censé ne connaître personne sur les rivages témoins de son désastre. L'action en délaissement a été admise aussi pour éviter les difficultés qui se présentent pour régler les intérêts entre la compagnie et l'assuré lorsque le dommage est considérable.

Ces raisons n'empêchent pas que cette action ne soit extraordinaire. Aussi doit-elle être restreinte dans d'étroites limites; elle ne doit pas être appliquée aux assurances terrestres. Si l'on se trouve dans le doute lorsqu'il s'agira de prononcer pour l'action d'avarie ou l'action en délaissement, on devra toujours préférer l'action d'avarie.

A s'en tenir aux principes purs du droit, nul doute que l'action d'avarie offre plus d'avantages que l'action en délaissement. L'action d'avarie est plus favorable à l'assuré; car s'il agit par cette voie, on lui rembourse toute la perte qu'il a éprouvée. Si, au contraire, il agit par voie de délaissement, il ne lui est remboursé que la valeur telle qu'elle a été fixée lors de la formation du contrat. Or, comme il faut supposer que la marchandise a augmenté de valeur pendant la traversée, l'assuré éprouve donc une perte par l'action en délaissement. Si dans la formation du contrat d'assurances les parties respectaient la volonté du législateur, l'assuré agirait presque toujours par l'action d'avarie; mais une pratique constante prouve au contraire que c'est l'action en délaissement qui obtient la préférence. En voici le motif : c'est que malgré les dispositions prohibitives du Code, les parties ajoutent à la valeur réelle des objets assurés le profit espéré et toujours exagéré de la marchandise. Aussi les compagnies ont-elles apposé de plus en plus des clauses respectives à la faculté de délaisser. Autant les assurés font leurs efforts pour se prévaloir de l'action en délaissement, autant les compagnies s'efforcent de repousser cette action.

L'art. 369 dit : le délaissement des objets assurés peut être fait en cas de naufrage, d'échouement avec bris, d'innavigabilité par fortune de mer et de prise.

Mais le principe général admis en cette matière est que la perte réelle ou fictive des trois quarts de la valeur de l'objet assuré donne seule lieu à l'action en délaissement.

Parmi les cas de délaissement, l'art. 369 cite le naufrage et lui fait l'application de ce principe; mais comment l'appliquer lorsqu'il y a perte intellectuelle des trois quarts. Par exemple, j'ai placé sur un navire 100 de marchandises, il en périt 50. Un nouveau naufrage menaçant, on jette une partie des objets à la mer; cette perte sera rétablie par la contribution, et cette contribution exige que chaque chargeur paie 30. Ayant déjà perdu 50, j'ai, en somme, éprouvé une perte supérieure aux trois quarts. Mais cette perte n'est pas de la même nature que celles engendrant l'action en délaissement. Au surplus, l'action en délaissement n'a été admise qu'à raison de la petite quantité de marchandises qui restent à l'assuré. Or, dans ce cas, il en reste la moitié; il faut donc interpréter l'art. 369 dans un sens rigoureux et tenir pour certain que la perte matérielle seule donne ouverture à l'action d'avarie.

Il peut arriver que la marchandise embarquée à bord du navire assuré ait été divisée en séries : l'action en délaissement en cas de naufrage ou échouement avec bris ou par innavigabilité peut avoir lieu pour chaque série qui perd plus des 3ı4.

Pour le naufrage, la perte réelle ou fictive des 3ı4 donne lieu à l'action en délaissement : mais le naufrage a lieu, la marchandise est conservée; toutefois l'action est ouverte parce que le naufrage amène une perte fictive. Les compagnies, voulant se soustraire à cette action, stipulent que l'action n'est ouverte que si, au moment de l'ouverture, la perte s'est élevée aux 3ı4. Si donc avant que l'action ne soit intentée on a retiré un quart du chargement, la perte ne s'élevant plus qu'à la moitié, l'action n'est plus recevable. C'est là, qu'on nous permette de le dire, une stipulation odieuse. Le devoir de l'assuré est, en effet, de procéder au sauvetage; mais cette clause vient, pour ainsi dire, arrêter sa bonne volonté. Son intérêt s'oppose à ce que le sauvetage ait lieu. N'est-il pas immoral de mettre ainsi le devoir en opposition avec l'intérêt ?

L'art. 369 met au second rang pour intenter l'action en délaissement l'échouement : il y a deux sortes d'échouement, l'échouement avec bris et l'échouement sans bris. Il est assez difficile, au reste, de les distinguer; dans l'échouement avec bris, il y a même action en délaissement que pour le naufrage dans l'échouement sans bris. Si l'on peut remettre le navire à flot, il n'y aura lieu à action en délaissement que pour la cargaison; si on ne peut pas le remettre à flot, la perte du navire n'amène l'action en délaissement que pour le navire, à moins qu'on ne trouve pas d'autre navire pour transporter la marchandise. Il peut arriver que le navire ait péri et que la marchandise ait été sauvée; dans ce cas, quand même la perte s'élève aux 3ı4, l'action en délaissement n'est ouverte que si le capitaine, malgré toutes ses diligences, n'a pu se procurer un second navire pour faire parvenir la marchandise sauvée à sa destination; si la marchandise avait péri en entier, l'action serait ouverte.

Quelques auteurs distinguent entre le cas où la cargaison et le navire appartiennent au même propriétaire ou à des propriétaires différents. Dans ce dernier cas, ils admettent l'action en délaissement pour le navire et la cargaison, si la cargaison ne peut parvenir à sa destination : dans le premier cas, le délaissement peut être fait pour le tout, car l'assurance est un tout indivisible : ces distinctions très subtiles importent fort peu aux compagnies.

Lorsqu'une voie d'eau a été ouverte dans le navire, il peut se faire qu'il ne puisse être réparé à l'endroit où a lieu l'avarie et qu'il périsse sur une plage où tout autre n'aurait pas péri. Le capitaine n'a pu le réparer faute d'argent ou d'ouvriers. Le navire sera innavigable si d'après la position particulière où se trouvait le capitaine, il n'a pu continuer son trajet. Les tribunaux ne pourraient pas, à notre avis, prononcer le vol, par le seul fait que le capitaine avait en caisse des valeurs lui appartenant qu'il n'a pas voulu employer.

L'arrêt d'une puissance étrangère est le quatrième cas. On entend par cet arrêt, dit du Prince, l'action de détenir et de confisquer le navire. Ainsi, une puissance a besoin d'armes de guerre, un navire chargé de pareilles armes entre dans un de ses ports, elle le fait saisir; le propriétaire du navire pourra, dans ce cas, intenter l'action en délaissement; mais nous pensons, avec M. de Pardessus, que l'action en délaissement n'est pas ouverte lorsque le prince ou la puissance étrangère ont payé la valeur de la cargaison. La position de l'assuré, dans ce cas, est aussi avantageuse que celle de la compagnie pour se défaire de la cargaison. Toutefois, si le prix de cette cargaison fixé arbitrairement par le Prince était inférieur à sa valeur, la compagnie devrait indemniser l'assuré pour le surplus.

Lorsque l'arrêt est le fait du gouvernement auquel appartiennent les parties contractantes, pour déclarer si l'action en délaissement est ouverte ou si elle ne l'est pas, il faut distinguer entre le cas où le voyage a été matériellement commencé et celui où il ne l'a pas été. Le risque est à la charge des compagnies du moment où les marchandises ont été placées à bord du navire ou sur les gabarres destinées à les y transporter. Nous supposons que le navire étant encore dans le port, le gouvernement fait saisir les marchandises placées sur les gabarres : d'après l'esprit de la loi, l'action en délaissement n'est pas ouverte, car l'assuré est encore là pour tirer parti de sa marchandise; mais si le voyage a été matériellement commencé, si un navire, par exemple, parti du Hâvre pour l'Angleterre est obligé de relâcher à Bordeaux et que dans ce port le navire soit confisqué, l'action en délaissement sera ouverte.

Nous avons vu quels étaient les cas qui donnent lieu à l'action en délaissement. La perte, avons-nous dit, ou la détérioration des objets assurés lorsqu'elle s'élève aux trois quarts au moins de la valeur de ces objets, donne ouverture à l'action. Si la perte est réelle, une détérioration des 3{4 survenue au navire ouvre l'action en délaissement. Qu'arriverait-il pour la perte morale de plus des 3{4? On n'accorde pour la perte morale que l'action d'avarie, par la raison que l'assuré est plus en mesure d'écouler la marchandise que la compagnie.

Nous allons maintenant voir quelle est la base du calcul à faire 1° en cas de détérioration; 2° en cas de perte en bloc.

D'abord, pour déterminer s'il y a perte de plus des 3{4, faudra-t-il considérer la marchandise à l'état brut ou à l'état net. Une marchandise placée sur un navire arrive au port de destination après avoir subi des avaries. Sans qu'aucun frais en soit déduit, cette marchandise à l'état brut se vend 4,000 fr. mais il faut tenir compte de ce qu'il en a coûté à l'assuré pour faire le voyage, soit 1,000 fr.; il ne touche donc en réalité que 3,000 fr.; l'on devra tenir compte de cette différence pour décider s'il y a lieu à l'action en délaissement. La marchandise estimée au départ 4,000 fr. ne se vend au port de destination que 900, l'action en délaissement est ouverte; se vend-elle 1,060? l'action ne le sera pas.

Le résultat est-il le même quand il y a perte en bloc et quand il y a perte partielle? J'ai placé dix ballots sur un navire, ces ballots sont avariés pour un dixième de valeur ou bien l'un d'eux est emporté dans les flots, la perte est dans les deux cas d'un dixième de valeur, cependant le résultat n'est pas le même; en effet, le fret n'est dû que si les marchandises arrivent à bon port; si un des dix ballots périt je ne devrai aucun fret pour lui; au contraire, si les ballots arrivent au port avariés pour un dixième, le fret sera dû : en sorte que si le fret est de 100 fr. par ballot, la perte en bloc me fait éprouver une perte de 100 fr. Ainsi, dans certains pays est-il permis d'assurer cette perte éventuelle en cas de détérioration. Et si le fret est dû même en cas d'avarie, c'est parce que la marchandise a exigé des soins pour être transportée.

Soit qu'il y ait lieu à l'action en délaissement, soit que l'action d'avarie soit ouverte, la compagnie doit payer les marchandises appréciées d'après le prix fixé dans la police.

Enfin, les assurés qui pendant un temps déterminé par la loi n'ont eu aucune nouvelle du navire sont admis à former l'action en délaissement.

Des formes du délaissement.

Les formes du délaissement varient avec les causes qui lui donnent ouverture. Dans tous les cas, l'assuré doit notifier à l'assureur les nouvelles qu'il a reçues (374-385) sur un sinistre majeur. Faute de ce faire, il sera privé de l'action en délaissement. Mais ces nouvelles données, il peut demeurer tranquille jusqu'au moment où il choisit entre les deux actions. Ce choix il peut le faire dans l'acte de notification du sinistre lorsque le sinistre est complet. Lorsqu'au contraire on peut y apporter remède, lorsqu'il y a eu arrêt du Prince, par exemple, l'assuré avant d'opter doit donner un délai à la compagnie afin de voir si le sinistre ne peut pas être réparé (375-390.)

Lorsque l'assuré a fait son choix, il n'est point obligé de se faire payer immédiatement par la compagnie, l'action existe en dehors de toute sommation. Mais s'il y a eu réticence de la part de l'assuré, l'action en délaissement lui est refusée en punition de son dol.

Le délaissement accepté ou déclaré valable transfère irrévocablement à l'assureur la propriété des objets abandonnés; dans le cas où l'on n'a pas eu de nouvelles d'un navire depuis deux ans, et que l'on a intenté l'action en délaissement présumant que le navire a péri, qu'arrive-t-il lorsque l'on apprend que le navire au lieu d'avoir péri est arrivé à bon port? La compagnie peut-elle vouloir restituer le navire? L'assuré peut-il le réclamer? Le délaissement est irrévocable quoique fondé sur une erreur.

Les délais dans lesquels l'abandon doit être fait courent à partir du jour auquel l'assuré a la connaissance du sinistre. A l'acte de délaissement doivent être jointes certaines pièces indiquées dans les art. 379 et 380.

Mais que devra livrer l'assuré? Il devra livrer d'abord toute la marchandise sauvée et les débris du navire. Il doit encore le fret des marchandises sauvées. Mais que faut-il entendre par marchandises sauvées? Si une marchandise n'arrive pas à sa destination, aucun fret n'est dû; il est possible qu'ayant péri fictivement cette marchandise soit rétablie par le sauvetage. Dans ce cas, il est dû un fret pour les marchandises ainsi sauvées. Les marchandises sauvées sont celles qui ont péri fictivement et qui sont ensuite rétablies par l'effet du sauvetage. Ce fret est dû à cause de l'augmentation de valeur que prennent ces objets loin du port de départ et il n'est dû qu'au navire. Il est censé réparer la perte qu'éprouve le navire par le frottement des vagues.

Les compagnies pourraient stipuler que le fret ne fera pas partie du délaissement. Comment, en effet, présumer que pour un misérable fret le capitaine fasse périr son navire.

Mais qu'arrivera-t-il si le voyage est en prime liée ou avec faculté de faire échelle ?

On appelle voyage en prime liée celui que fait un navire assuré pour l'aller par une compagnie et par une autre pour le retour. Un navire part du Havre pour New-York : le retour est assuré et il a faculté de faire échelle. L'assuré ayant repris sa marchandise en prendra des nouvelles. Or, ce navire périt en revenant de New-York ; le fret gagné pour les marchandises déjà déposées dans divers ports devra-t-il être abandonné à la compagnie ? ces marchandises sont-elles d'abord des marchandises sauvées ? On ne peut dire d'une chose qu'elle est sauvée que si elle a couru un danger. Or, les marchandises qui n'étaient pas sur le navire quand il a péri, ne sont pas comprises sous les expressions de l'art. 386. En effet, quand le navire a la faculté de faire échelle, pour gagner les frets, il est obligé de s'approvisionner à chaque port. Les victuailles qu'il prend sont la compensation du fret que doit le propriétaire de la marchandise. L'assuré ne doit donc abandonner que le fret des marchandises existant à bord quand le sinistre éclate.

Si le navire avait simplement faculté de décharger, il devra abandonner à la compagnie le fret de la marchandise déchargée, car il n'y a pas eu renouvellement des victuailles. Le fret n'a pas été composé, le voyage étant simple.

On ne doit pas placer sur la même ligne que le fret les prises faites par un navire armé en course. Les navires armés en course ne gagnent aucun fret, mais ils retirent souvent un gain supérieur à ce fret par la valeur des captures de vaisseaux ennemis. Un de ces navires a fait une capture de 50, mais il a péri et est délaissé. Le propriétaire devra-t-il rendre les 50 ? Nous pensons que ces avantages obtenus en course lui sont acquis, car la compagnie n'a pu y compter. Ce navire ne gagnant aucun fret au moment du sinistre, on déduira la valeur du vieux au neuf.

Le délaissement ne peut être partiel ni conditionnel ; mais si l'assurance porte sur une marchandise divisée en séries, rien n'empêche que pour la première série on n'exerce l'action en délaissement et l'action d'avarie pour la seconde. De même, si le navire est assuré à deux compagnies différentes, l'assuré pourra délaisser une moitié et intenter l'action d'avarie pour l'autre moitié.

L'assureur auquel est fait le délaissement est subrogé aux droits de l'assuré. En sorte que si pendant la traversée une partie de la cargaison avait été jetée à la mer, la compagnie aurait le droit d'exercer l'action en contribution envers les autres chargeurs. En un mot, l'assureur exerce toutes les actions qui appartenaient à l'assuré à raison de l'objet assuré.

L'assureur doit rembourser à l'assuré : 1° la valeur entière de l'objet assuré ; 2° tous les frais de sauvetage.

En cas de prise, si l'assuré n'a pu en donner avis à l'assureur, il peut racheter les effets sans attendre son ordre ; mais il doit en signifier la composition à l'acquéreur aussitôt qu'il le pourra.

L'assureur a le choix de prendre la composition pour son compte ou d'y renoncer. Il doit faire connaître son choix à l'assuré dans les 24 heures de la signification de la composition. S'il déclare prend.e la composition à son profit, il est tenu de contribuer sans délai au paiement du rachat dans les termes de la convention et en proportion de son intérêt, et il continue de courir les risques du voyage. — S'il renonce, il n'a aucun droit sur les objets rachetés et il doit payer la somme assurée. — Enfin, s'il laisse écouler le délai dans lequel il doit faire sa notification, il est censé renoncer à la composition et s'être astreint à payer le montant de la somme assurée.

DROIT ADMINISTRATIF.

De la Compétence administrative et judiciaire en matière de petite voirie.

La voirie se divise en deux catégories bien distinctes, la grande voirie et la petite voirie. Cette distinction prend sa source dans la nature même des communications en tant que l'Etat, les départements, arrondissements ou communes sont chargés de leur entretien, ou en ont la propriété.

Les anciens règlements admettaient aussi la grande et la petite voirie; mais ils avaient des buts bien différents de ceux que s'est proposé la jurisprudence actuelle. Autrefois, la grande voirie consistait dans l'inspection des rues et des routes et dans la fixation des alignements; elle consistait à prévenir toutes les entreprises sur la voie publique, et, enfin, à ordonner la mise à exécution des règlements. La petite voirie était bien moins importante que de nos jours : elle consistait seulement à donner des permissions pour placer des enseignes, planter des bornes, à faire tous étalages quelconques.

Aujourd'hui, la grande voirie comprend la conservation des grandes routes, chemins de fer, canaux, cours d'eau navigables et flottables; la petite voirie embrasse les chemins vicinaux, les cours d'eau non navigables et flottables, les rues, enfin la voirie urbaine.

Les chemins vicinaux ont cela de commun avec les routes comprises dans la grande voirie qu'ils font partie du domaine public par leur destination, car ils sont destinés à l'usage du public. Tant que dure la destination, ils sont une dépendance de ce domaine; d'où suit la conséquence tirée par la loi du 21 mai 1836 que les chemins vicinaux sont imprescriptibles comme les chemins nationaux. Mais il y a cette différence entre les chemins nationaux et les chemins vicinaux que les premiers, lorsqu'ils cessent d'être destinés au service du public, rentrent dans le domaine de l'Etat, et que les seconds, lorsqu'ils sont dans le même état que les chemins nationaux dont nous venons de parler, sont incorporés aux biens communaux proprement dits.

La distinction de la voirie en grande et petite voirie est très importante à cause de ses effets sur la compétence en matière de contraventions.

La compétence pour connaître des contraventions de voirie appartient, selon les cas, aux conseils de préfecture, aux tribunaux de simple police et aux tribunaux de police correctionnelle.

En matière de petite voirie, les contraventions aux dispositions des arrêtés municipaux sont déférées aux tribunaux de simple police. Cependant, lorsqu'il s'agit d'une contravention prévue et punie par les anciens règlements dont l'application a été réservée, et que la peine excède les peines des tribunaux de simple police, il y a lieu de saisir le tribunal de police correctionnelle.

La grande voirie est soumise à deux espèces de juridiction : la juridiction ordinaire, qui constitue véritablement le droit administratif, s'applique aux faits d'*anticipation* des chemins, fleuves, etc.; la juridiction exceptionnelle est celle qui donne aux conseils de préfecture le droit de statuer sur les *détériorations* des chemins, fleuves et rivières, et sur les faits d'anticipation considérés comme contraventions de simple police pour appliquer des peines d'amende. La petite voirie nest soumise qu'à une juridiction, à la juridiction ordinaire qui confère aux conseils de préfecture la connaissance de toutes sortes d'*anticipations*, et non celle des *détériorations* ou *dégradations*. La juridiction exceptionnelle n'existe pas pour la petite voirie; c'est le tribunal de police qui applique aux contrevenants les peines portées par l'art. 40 de la loi du 28 septembre 1791. Le conseil de préfecture prononce, non pas l'amende, mais qu'il y a lieu à réparation.

Il ne suffit pas de créer des chemins, il faut encore veiller à leur conservation. La police réglementaire des chemins vicinaux appartient aux préfets, aux termes de l'art. 21 de la loi du 21 mai 1836, par laquelle ils sont autorisés à statuer par des règlements sur tout ce qui est relatif aux alignements, aux plantations des arbres, à tous les autres détails d'ordre, de conservation et de salubrité publique. Les maires ont la police dans les cas autres que ceux que nous venons de citer. Mais les dégradations des chemins, les dépôts de matériaux sur la voie publique, sont de la compétence des tribunaux judiciaires. Le conseil de préfecture n'est compétent pour prononcer la répression des anticipations qu'autant qu'il s'agit de chemins vicinaux (arrêts des 6 février 1837, 30 mars 1842). La contravention prouvée, le tribunal de répression en matière de petite voirie prononce non-seulement la peine, mais encore ordonne la réparation des dégradations. Le tribunal devant lequel est renvoyé le procès-verbal prononce la condamnation aux dépens.

Lorsqu'un particulier a commis une anticipation sur un chemin rural et que, traduit devant le tribunal de police, il élève l'exception de propriété du sol du chemin, il doit être sursis au jugement de la question jusqu'à décision de la question préjudicielle.

Tant qu'un terrain est livré par son propriétaire à la circulation publique, il est nécessairement soumis aux mesures de police applicables à toute voie publique et aux règlements de l'autorité municipale, en ce qui concerne la commodité et sûreté du passage. Dès lors le tribunal saisi de la contravention à cet arrêté ne peut surseoir à appliquer la peine jusqu'après la décision de l'autorité compétente sur la question préjudicielle de propriété.

Autrefois, avant la loi du 18 juillet 1837, on admettait que chaque particulier pouvait intenter une action en son nom sur les faits d'anticipation sur un chemin vicinal appartenant à la commune dont il faisait partie. Le conseil d'Etat (5 septembre 1836) a déclaré qu'il n'appartient qu'à la commune, par l'organe du maire, de poursuivre la répression d'une usurpation et que les particuliers ne pouvaient que porter plainte. Aujourd'hui, d'après les art. 49, 50 et 51 de la loi du 18 juillet 1837, le droit communal pourrait être mis en question par un des contribuables, pourvu qu'il eût averti le conseil municipal, que celui-ci eût refusé, que le conseil de préfecture l'eût autorisé à intenter cette action, qu'il devrait, au reste, soutenir à ses frais et périls.

Les règles spéciales à la police des rues, places et promenades des villes, portent le nom de voirie urbaine. Il n'y a qu'une ville dont les rues ne rentrent pas dans cette voirie : c'est Paris, qui est soumis au régime de la grande voirie. Les rues qui servent de continuation aux grandes routes font partie de la grande voirie ; nous n'avons donc pas à nous en occuper.

Il en est de même pour les rues qui servent de continuation aux chemins vicinaux de grande communication. Ces chemins ont un intérêt départemental et doivent être soumis aux mêmes règles que les grandes routes (avis du conseil d'Etat du 18 janvier 1837). Mais cette raison ne peut s'appliquer aux chemins vicinaux proprement dits (conseil d'Etat, 27 avril 1852. — 24 juin 1836).

La question de propriété, rues, places, est résolue en faveur des communes. (Loi du 10 juin 1793, art. 5.)

L'ouverture d'une rue, l'établissement d'une place, restent soumis aux règles ordinaires de l'expropriation pour cause d'utilité publique communale. Il faudra une ordonnance du chef du pouvoir exécutif accompagnée des formalités prescrites par la loi du 3 mai 1841, du 23 août 1835 et du 18 juillet 1837.

Les maires avaient été autorisés par un décret du 27 juillet 1808 à donner des alignements dans les villes, avec l'approbation du préfet et après l'avis des ingénieurs jusqu'à ce que les plans d'alignements fussent arrêtés. Mais ce décret a cessé son effet en 1819, par la raison que les plans de villes doivent être confectionnés dans des vues d'ensemble et qu'ils doivent être en dehors des influences locales. Aujourd'hui, les alignements sont donnés par le maire conformément aux plans dont les projets ont été adressés au préfet, transmis avec leurs avis au ministre de l'intérieur et arrêtés au conseil d'Etat. Mais il peut s'élever des réclamations contre l'alignement. Pour savoir si on peut réclamer, il faut distinguer s'il y a ou non un plan général. S'il y a un plan général, les réclamations devront être faites par pétition; car, il n'y a pas ici de contentieux, l'acte émanant du pouvoir discrétionnaire. Quand il n'y a pas d'alignement général et qu'il n'y a qu'un alignement partiel, le réclamant peut élever sa contestation devant le conseil d'Etat : il y a alors contentieux.

La police des rues, places, est spécialement attribuée à l'autorité municipale : les contraventions sont constatées par le maire, adjoint, etc., et leurs procès-verbaux font foi jusqu'à preuve contraire. Ces contraventions sont poursuivies devant les tribunaux ordinaires.

On s'est demandé à qui appartenait la compétence pour statuer sur les contraventions de voirie commises dans les rues des villes qui servent de prolongement ou de traverse aux grandes routes. Il y a ici deux opinions : l'opinion de la cour de cassation et l'opinion du conseil d'Etat. La jurisprudence de la cour de cassation décide qu'en matière de grande voirie la compétence des conseils de préfecture est restreinte au cas où il s'agit de faits expressément commandés par l'administration, et que leur attribution ne peut pas s'étendre aux cas qui concernent la libre circulation dans les rues de la ville servant de traverses aux routes.

Le conseil d'Etat a prononcé, au contraire, pour la prédominance du conseil de préfecture, comme dérivant naturellement de la prédominance que la loi du 7 octobre 1790 donne à l'administration active, en fait d'alignement. Si la contravention est uniquement de petite voirie, comme si elle consiste simplement dans une infraction aux règlements municipaux pris pour la sûreté et la commodité du passage dans les rues, elle devra être poursuivie devant les tribunaux de police, en vertu de la loi du 16 août 1790.

Un tribunal de simple police, qui se déclarerait incompétent pour connaître d'une pareille infraction, méconnaîtrait son pouvoir. Un tribunal de simple police excéderait ses pouvoirs et son jugement serait nul, s'il condamnait à l'amende un entrepreneur de travaux publics pour avoir déposé des matériaux dans une rue faisant partie d'une route nationale.

Le tribunal de simple police, chargé de réprimer les contraventions de petite voirie, doit maintenir l'exécution des règlements administratifs sur la voirie : il n'est pas juge du mérite de ces dispositions, il doit seulement en maintenir l'exécution.

Quant aux questions qui touchent à la propriété, il est clair et évident que le droit d'en connaître appartient aux tribunaux civils seuls. C'est aux tribunaux civils, par exemple, qu'il appartient de statuer sur la question de savoir si un particulier doit souffrir de l'écoulement des eaux d'une rue, à prononcer sur les contestations relatives aux frais de démolition. En matière de voirie toutefois, l'exception de propriété ne forme pas une question préjudicielle; ce n'est que dans le cas où la personne soutient que le fait a eu lieu sur un terrain étranger à la voie publique qu'on doit surseoir au jugement.

Cette thèse a été soutenue en séance publique le août 1852, *dans une des salles de la Faculté de droit.*

Vu par le Président de la Thèse,

DUFOUR.